AF253772

MEMOIRE

DE M. DE CURZAY,

ANCIEN PRÉFET

DU DÉPARTEMENT DES DEUX-SÈVRES.

A PARIS,

L. G. MICHAUD, IMPRIMEUR-LIBRAIRE,

RUE DES BONS-ENFANTS, N°. 34.

M. DCCC. XVII.

MÉMOIRE

DE M. DE CURZAY.

Une ordonnance du Roi, du 14 juillet 1815, m'a nommé Préfet des Deux-Sèvres ; une ordonnance du 4 juin 1817, m'a donné un successeur.

Je ne sais s'il est beaucoup de pays où un homme, revêtu de la première charge d'une province, soit exposé à apprendre sa révocation par une gazette, sans qu'aucun avis préliminaire ou postérieur à l'acte qui le dépossède, lui en fasse connaître les motifs ; mais il faut convenir que rien n'est plus commode qu'un tel usage, qui dispense les ministres d'égards, de ménagements, et d'explications qui pourraient être quelquefois embarrassantes pour eux, s'il fallait motiver, dans leur correspondance, la véritable cause qui a fait éloigner des fonctionnaires dont ils ont approuvé tous les actes, auxquels ils n'ont fait aucuns reproches, et dont ils ont reconnu l'administration droite et mesurée.

Compris dans les nombreux changements qui ont eu lieu depuis dix-huit mois parmi les Préfets, sous les divers prétextes de démission, de retraite, ou autrement, j'aurais pu, sans doute, garder un silence absolu, me trouvant sur une liste honorée par des noms qui expriment à-la-fois, honneur, talents, fidélité.

Mais si cette mesure avait été la suite de dénonciations vagues et honorables, en en considérant la source et les motifs qui les auraient dictées;

Si, contre toute vraisemblance, un pouvoir suprême avait jeté en enfant perdu son délégué, de bonne foi investi d'un pouvoir dis-crétionnaire (1), pour lui faire, plus tard, un crime de ce qui naguère était une vertu;

Si, par une influence qui date du gouvernement despotique de Buonaparte, et qui se serait encore accrue depuis, un ministre de la police disposait de presque tous les emplois civils et militaires, et tendait, par ce moyen, à rendre un ministère qui manque de considération suffisante, le centre du pouvoir;

____

(1) Je n'ai point fait usage des pouvoirs discrétionnaires dont il est ici fait mention, et tous les changements qui ont eu lieu dans le département des Deux-Sèvres, ont été faits par ordonnance du Roi, ou des arrêtés des ministres.

Si, méfiant par état, ce ministre sur la foi de ses agents, lors même qu'ils ne seraient pas tous des mercenaires, et quand Son Exc. trouverait dans un rang plus élevé des gens qui rempliraient un rôle qu'on rougit d'avouer, s'en était tenu à des rapports qui ont souvent pour base, l'ambition, l'animosité, l'amour-propre compromis, et mille autres motifs tous plus vils les uns que les autres, et qu'on peut toujours attribuer à des espions ;

Si sur de tels renseignements qu'on ne peut faire valoir, et sans prendre le soin de les véri-fier, un ministre de la police générale avait épié ou fait naître les plus futiles prétextes pour demander le changement d'un Préfet;

Si tous les renseignements favorables, pro-duits par S. Exc. le ministre de l'intérieur sur la direction et l'administration de ce fonction-naire, n'avaient pu faire ajourner cet acte de rigueur, pourrait-on blâmer ce Préfet de met-tre au grand jour, pour couvrir son honneur, tel qu'on conçoit ce sentiment en France, tout ce qui peut faire juger les motifs auxquels il croit devoir attribuer une disgrâce qui ne peut pas être sans effet pour lui dans l'opinion publique.

Aussitôt que ma révocation a été prononcée, je me suis occupé de ce Mémoire, et si j'ai tardé à le publier jusqu'à l'ouverture des chambres, il est facile d'en juger la raison.

Je devais en appeler à S. M. elle-même, d'une décision provoquée par son ministre de la police générale ; j'ai rempli fidèlement ce devoir ; aucune considération ne peut donc me faire différer plus long-temps de justifier, par l'exposé de ma conduite, les nombreux témoignages d'estime et d'intérêt que j'ai reçus dans une circonstance où l'on est si souvent abandonné, et d'effacer les préventions qui pourraient exister contre moi chez les personnes qui ne me connaissent pas, et qui doivent supposer qu'une destitution, loin d'être provoquée légèrement par les ministres de S. M., est toujours fondée sur des motifs graves et bien vérifiés.

Puisse aussi ce Mémoire produire quelque utilité publique, en faisant sentir que des mutations continuelles sont peu propres à établir la confiance, condition nécessaire de la force des États qui ne sont pas despotiques ; que ces mutations déconsidèrent moins les hommes que les places, et que si l'on veut observer de près et impartialement les effets de ces mesures dans les départements où elles ont eu lieu, on sera obligé de convenir qu'il n'en est point de plus funestes, quand elles ne sont pas réellement nécessaires, et que, dans ce cas, il faut les motiver publiquement pour ne rien laisser aux interprétations.

Si ces réflexions peuvent à l'avenir, prévenir une seule révocation injuste, j'aurai la consolation d'avoir fait beaucoup de bien.

Comme on ne peut connaître un homme que sur l'exposé de toute sa vie, je me trouve obligé d'entrer dans quelques détails sur ma famille et sur ma conduite politique avant mon arrivée au département des Deux-Sèvres; la manière succincte avec laquelle je donnerai ces détails, prouvera suffisamment que j'aurais voulu pouvoir les supprimer.

Ma famille compte, depuis de longues années, des services honorables dans la haute magistrature ; j'appartiens, par alliance, à des maisons distinguées de la Bretagne, du Poitou et de la Normandie (1); ma fortune me donne une existence indépendante; mes enfants seront riches. J'étais maire de la commune de Curzay, département de la Vienne, lorsque je fus nommé auditeur en 1810. Envoyé comme

----

(1) Mon père et mon grand-père ont été présidents de la chambre des comptes de Bretagne ; le premier avait épousé mademoiselle de Vaucouleurs de Laujamet, dont le frère, commandeur de l'ordre de Malte et lieutenant-général , s'était retiré à Niort près de moi. Mon mariage avec mademoiselle de Lespinay , dont les frères servent S. M. dans la garde royale , m'a donné des alliances avec un grand nombre de familles du Poitou et de la Normandie.

sous-préfet à Nantes, ensuite à Ploërmel, j'ai successivement exercé ces deux charges jusqu'en 1815, au milieu de témoins irrécusables, et de manière à ce que je n'aurais pas eu à rougir d'être préfet de la Loire-Inférieure ou du Morbihan. A l'avènement de Sa Majesté en 1814, je fis mon devoir; j'étais le 10 mai à Paris, en qualité de président d'une députation composée de quinze des principaux propriétaires de mon arrondissement. A l'époque du 20 mars, je ne trahis point mes serments; je me retirai dès que l'autorité légitime fut méconnue. Au mois de juillet 1815, j'allais reprendre mon poste, lorsqu'arrivant à Paris j'appris ma nomination à la préfecture des Deux-Sèvres : une telle faveur devait-elle alors me présager qu'après deux ans de travaux, dont l'envie de servir utilement Sa Majesté pouvait seule me faire surmonter les dégoûts et les obstacles, je serais atteint d'une destitution au lieu de recueillir les suffrages que je m'efforçais de mériter de la part de mon Souverain.

Telle était ma position dans le monde, lorsqu'il plut à Sa Majesté de m'élever : pourquoi suis-je au-dessous du rang où elle m'avait pris, et qu'ai-je fait pour cela ?

Je suis arrivé dans le département des Deux-Sèvres au milieu des étendards de la révolte qui couvraient encore la France, et suivi par une armée mécontente qu'il fallait faire vivre à tout prix, pour lui ôter tout prétexte de désordres. Trente-neuf dépôts ont subsisté par mes soins sans que j'aie eu recours aux moyens illégaux et abusifs des réquisitions : mon expérience m'ayant fait constamment rejeter cette mesure, que MM. les inspecteurs aux revues me présentaient toujours comme la seule ressource.

D'un autre côté, un grand nombre des habitants de deux arrondissements qui avaient fait cause commune avec la Vendée, étaient sous les armes. Je me rendis au milieu d'eux, et dès le mois d'août, *par la confiance que je leur inspirai*, les réquisitions cessèrent, chacun se retira, hors ceux de ces braves qui, témoignant la volonté de continuer à servir le Roi, formèrent le noyau de la légion des Deux-Sèvres (1).

______

(1) Jamais négociation ne fut plus facile ; la loyauté si connue du général Duperrat, qui commandait ce corps d'armée, la présence de M. le comte de Berthier, commissaire du Roi, celle du comte de Vittré, qui m'avait accompagné en qualité de commandant du département des Deux-Sèvres, étaient bien propres à assurer une transaction, qui n'aurait cependant point eu lieu si je n'avais obtenu la confiance des officiers vendéens et de leur digne chef.

Depuis, je me suis livré sans relâche à tous les détails de mon administration : les grandes routes l'attestent; elles étaient dans un état déplorable. Les contributions sont à jour; il existait un immense arriéré; les comptes des hospices sont rendus, et plusieurs ne l'avaient jamais été. Jusqu'alors on n'avait obtenu la réparation des chemins vicinaux que partiellement dans quelques cantons. Pendant l'année 1816, la prestation en nature s'est exercée dans cent-quatre-vingt-cinq communes. L'amélioration du sort des malades, des enfants-trouvés et des nourrices; l'établissement de nombreux ateliers de charité; les soins apportés à l'instruction publique, à la vaccine, au régime des prisons; la réparation d'édifices publics importants; la prompte expédition des affaires générales et particulières, sont autant de témoignages que j'invoquerais, si l'on avait attaqué mon zèle ou mis en doute ma sollicitude.

Qu'il me soit permis d'ajouter un exemple de l'esprit de justice et de conciliation qui m'a toujours animé : il existait, dans la répartition de l'impôt entre les arrondissements, une forte inégalité qui renouvelait, à chaque session du conseil-général, les plus fâcheux débats; appelé cette année à partager ses travaux, je crus de mon devoir de lui représenter la nécessité de terminer une discussion qui durait depuis vingt-cinq ans, et l'inconvenance de faire dépendre, tous les ans, d'une voix de plus ou de moins, le contingent de chaque arrondissement. Pour traiter une question aussi délicate, le moment était peu favorable; les préfets avaient à combattre les préventions qu'avait généralement produites l'ordonnance du 26 mars; cependant je parvins à les détruire sur ce point comme sur tous les autres; le conseil, se reposant sur mon impartialité, m'honora de la qualité d'arbitre dans cette contestation, et adopta dans son entier, à l'unanimité, la transaction que je lui proposai.

Tous ces faits sont constants; ils peuvent se prouver par ma correspondance, et si l'amour-propre ne doit pas en enfler le mérite, je ne dois pas non plus l'atténuer par une fausse modestie, alors qu'on m'a mis dans le cas d'une légitime défense.

Mais quoi! j'arrive à Paris avec un congé du 1er. juin; ce congé m'était promis depuis long-temps comme une récompense de mon assiduité (1); c'était la première fois qu e je quittais

____

(1)   Paris, le 24 décembre 1816.

« M. le Préfet, vous m'avez fait l'honneur de m'écrire le 10 mon département; je comptais même, pendant cette absence, suivre beaucoup d'affaires dans les bureaux des diverses administrations. Le Ministre de l'Intérieur m'avait écrit de l'infor-

---

» de ce mois, pour m'informer que, votre santé s'étant amé-
» liorée, vous renoncez au congé que vous m'aviez demandé
» pour venir à Paris consulter des médecins.

» J'apprends avec plaisir que vous êtes actuellement sans
» inquiétude sur votre santé, et je vous félicite de la preuve de
» zèle et de dévouement que vous donnez, en restant à votre
» poste, dans un moment où vous jugez que votre présence
» peut y être nécessaire.

» Plus tard, je me ferai un plaisir de vous dédommager de
» ce sacrifice, si quelque circonstance vous fait desirer d'obte-
» nir un autre congé........

» Agréez, etc.

» *Le Ministre-secrétaire d'État de l'intérieur,*

» *Signé* LAINÉ. »

Paris, le 3o avril 1817.

« M. le Préfet, vous demandez, pour le 15 mai, le congé
» que vous aviez sollicité il y a plusieurs mois, et que vous
» avez cru devoir remettre à un autre temps. Vous desirez que
» ce congé soit de six semaines.

» L'absence de plusieurs de vos collègues, dont deux ad-
» ministrent des départements contigus à celui des Deux-Sè-
» vres, et qui vont partir aussitôt après la session des conseils
» généraux, me force à n'autoriser votre départ qu'au premier
» juin seulement.

mer de mon adresse, et aussitôt après mon arrivée, le 4 juin, la première chose que j'apprends
en lisant les journaux, c'est une destitution
que ni S. Exc. ni moi n'avions pu prévoir ;
car non-seulement elle m'aurait dispensé d'un
congé non moins dérisoire qu'inutile, mais elle
m'aurait prévenu d'attendre mon successeur
pour lui remettre les rênes de l'administration.

Je ne puis rendre l'étonnement dont je fus
frappé en apprenant cette nouvelle. Je n'avais
aucun reproche à me faire ; je n'en avais point
reçu ; je possédais les lettres les plus flatteuses
des ministres sur les actes de mon administration ; j'étais bien loin de prévoir un tel événement. Une seule fois, averti des intrigues de
quelques ennemis, j'en avais écrit ouvertement au Ministre de l'Intérieur, et lui avais
transmis l'avis qui m'en était parvenu. La réponse de Son Exc. avait dû me mettre, pour
l'avenir, à l'abri des calomnies comme de toute

» Je desire que vous me fassiez connaître votre adresse, à
» Paris, aussitôt après votre arrivée.

» Agréez, etc.

» *Le Ministre-secrétaire d'État de l'intérieur*,

» *Signé* LAINÉ, »

inquiétude : j'étais donc dans la plus entière sécurité.

·Niort, 31 décembre 1816.

Monseigneur,

L'avis que je reçois que des ennemis cherchent à me nuire me paraît trop positif, pour que je ne l'adresse pas avec une entière confiance à V. Excellence.

Je ne demande point à me rendre à Paris; si je suis attaqué, tous mes moyens de défense sont entre les mains de V. Exc. elle-même.

Elle peut opposer que la tranquillité la plus parfaite règne dans le département des Deux-Sèvres ; que j'ai tout fait pour la maintenir, et rien pour la troubler; que les impôts sont à jour, et qu'à mon arrivée il y avait un arriéré énorme ; que.....

Mais, Monseigneur, ce n'est point à V. Exc. que je dois faire l'énumération des actes de mon administration, puisqu'elle peut, chaque jour, vérifier si ma marche est active ou lente, si elle suit une bonne ou une mauvaise direction, et je devrais être rassuré, à cet égard, puisque V. Exc. a bien voulu quelquefois m'encourager de ses éloges.

Seraient-ce mes opinions qu'on aurait osé attaquer ? Il serait bien temps qu'on jugeât les fonctionnaires publics sur leurs actions ; je n'en ai pas moi-même agi autrement avec mes administrés. Tous mes rapports sur l'esprit public ont été écrits avec la sincérité la plus abandonnée ; je n'ai jamais grossi les objets avec calcul ; je les ai peints tels que je les ai vus ; et depuis le 27 juillet 1815, jour de mon installation, je n'ai varié ni dans ma manière de voir, ni dans ma manière de me conduire. J'ai pu m'effrayer de bonne foi de l'audace des Jacobins, du parti étonnant qu'ils tiraient de la tolérance de S. M. Alors, je me suis adressé directement à ses Ministres, pour leur ouvrir toute ma pensée, et rien au monde ne m'aurait fait manquer à ce devoir ; cette conduite est d'ailleurs une preuve incontestable de ma déférence et de ma confiance en eux, sans de tels sentiments un préfet est un fonction-naire isolé, qui marche sans boussole et qui doit se briser sur le premier écueil.

Ma confiance en V. Exc. est entière, Mon-seigneur, et je crois vous en donner un nou-veau témoignage, en vous envoyant, en com-munication confidentielle, la lettre ci-jointe. Je suis sans crainte, et j'ajouterai que mes in-tentions ont été si droites et si franchement loyales, que je ne voudrais pas de ma conservation, à la condition de changer de conduite.

Je suis avec respect, etc.

Paris, le 8 janvier 1817.

« M. le Préfet, vous m'avez fait l'honneur
» de m'écrire confidentiellement, dans la vue
» de me prémunir contre des attaques que
» vous supposez dirigées contre vous. Je vous
» remercie de la confiance que vous m'avez
» témoignée en cette occasion; mais je re-
» grette que vous ayiez conçu de semblables
» craintes, et je m'empresse de vous rassurer.
» Je sais que votre administration est mesurée,
» et si j'avais eu quelque doute à ce sujet, je
» me serais adressé à vous-même avec con-
» fiance pour vous demander des explications.

» Vous avez raison de penser qu'il est inu-
» tile que vous vous rendiez à Paris pour vous
» justifier : vous n'en avez pas besoin.

» Agréez, etc.

» *Le Ministre-secrétaire d'État de l'intérieur,*

» *Signé* Laîné. »

Il est bien prouvé du moins que, jusqu'au 8 janvier 1817, c'est-à-dire pendant dix-huit

mois, mon administration a été *mesurée* (1).
D'ailleurs, l'assurance que le Ministre de l'intérieur voulait bien me donner qu'il s'adresse-
rait à moi *avec confiance* pour avoir des explications sur ce qui pourrait survenir, m'auto-
risait suffisamment, me trouvant à Paris, à rappeler à S. Exc. une promesse aussi positive.

Je me présente donc chez S. Exc. ; elle m'ac-
cueille avec bienveillance, me témoigne des
regrets, me dit qu'il n'a pas dépendu d'elle de
faire ajourner cet acte de rigueur, et me laisse
entrevoir que les imputations dont on m'a
chargé, sont :

1°. D'avoir, par mes rapports, fait présumer
que je ne partageais pas *le système adopté par
les Ministres.*

2°. *D'avoir montré trop de partialité pour
les royalistes.*

---

(1) Ce Mémoire ayant uniquement pour but, en ce qui me
regarde, de prouver au public que ma conduite a toujours été
sage et mesurée, j'ai dû appuyer sur ce témoignage de Son Exc.,
témoignage qu'on verra fortifié plus loin par celui du conseil-
général du département des Deux-Sèvres ; et pour établir sur
mon compte une opinion bien fixe à cet égard, je rappellerai
que je n'ai point fait usage des pouvoirs discrétionnaires don-
nés aux préfets au mois de juillet 1815, parce que j'avais con-
sidéré que ces pouvoirs arbitraires n'avaient été remis à leur
disposition que pour des circonstances impérieuses qui n'eussent
pas permis d'en référer aux ministres.

Et d'abord, est-il bien vrai que le ministère ait un *système adopté*? Et pourquoi, dans ce cas, ne l'avoir pas fait connaître avant de punir pour ne l'avoir pas suivi ?. *Un système adopté* présente l'idée d'un plan fixe, invariable, et basé sur des principes que l'on puisse avouer : or la marche du ministère, qui chaque jour devient plus inexplicable pour qui n'accuse pas ses intentions, a toujours été un mystère incompréhensible pour ceux même qui étaient le plus à portée de la juger et qui auraient voulu la suivre ! *Un système adopté par les Ministres*, fait supposer du moins une unité parfaite de doctrine entre eux; et pourquoi donc alors les changements qui ont été faits, ceux qu'on pressent encore dans le ministère? Fallait-il être ministériel selon Monsieur le duc de Feltre ou selon Monsieur de Cazes ? Faudra-t-il l'être désormais comme S. Exc. le Ministre de l'Intérieur, ou comme S. Exc. le Ministre de la Police générale ? Et quand ce dernier devrait survivre à tous les autres, faudra-t-il être ministériel comme l'est devenue S. Exc., ou selon les dogmes qu'elle avait adoptés à son avènement au ministère ?

Mais, sans qu'il soit besoin de *systèmes*, il est des lois, des principes, des sentiments d'honneur, dans lesquels un préfet peut toujours trouver des règles certaines de conduite ; les préfets sont d'ailleurs chargés d'administrer et non de gouverner ; soumis aux volontés royales, il ne leur appartient ni de les censurer ni de les applaudir ; seulement ils doivent un fidèle compte des effets : aurais-je outrepassé ce devoir ? Je ne le crois pas, et si mes rapports sont dans les mains des Ministres pour m'accuser, ils sont dans les miennes pour me défendre (1).

Car, j'ose le dire, tout ce que je leur mandais était recueilli soigneusement, et rendu toujours avec la plus entière franchise. Je n'aurais pu les tromper sans avoir pour complices, MM. les sous-préfets, les maires et la gendarmerie de mon département ; les événemens qui se sont passés depuis (2), sont venus

----

(1) Je ne puis copier des rapports confidentiels ; mais si je fais ce sacrifice à la bienséance, je suis fondé, je pense, à rappeler aux Ministres ceux que je leur ai adressés en diverses occasions, et notamment ceux des 29 juin, 26 août, 14 septembre, 3, 12 et 15 octobre 1816, 25 février et 27 mars 1817.

(2) Les insurrections de Montereau, de Sens, de Château-Thierry, de Montargis, de Lyon, de Rouen, etc., attestent que je ne m'effrayais pas de simples illusions, et peut-être serait-il facile de prouver qu'alors que des mouvemens de cette nature éclataient, à la même époque, dans des lieux si distants les

à l'appui de mes pressentiments, prouver que les ennemis de l'Etat, les artisans de troubles et de désordres, étaient là où je les ai toujours signalés, et non où l'on m'indiquait sans cesse de les voir.

J'ai eu si peu l'intention de critiquer la conduite des Ministres, ou de me faire un système d'opposition et de me joindre à un parti, que je déclare, sur l'honneur, que tout ce qui doit faire le bonheur de la France et garantir la légitimité, aura toujours, contre mes intérêts même, mon assentiment sans réserve.

Mes rapports indiquaient, il est vrai, des résultats peu satisfaisants des actes du ministère; mais je pensais qu'il lui importait de les savoir, et lorsque je l'en instruisais exactement, c'était rendre hommage à de bonnes intentions; je devais être du moins à couvert

---

uns des autres, ce n'était pas par l'effet du simple hasard? Les rapports officiels des préfets ont dû indiquer les vraies causes de ces tentatives faites sur tant de points à-la-fois, et si l'on doit les attribuer aux royalistes ou aux révolutionnaires? Peut-être même est-il permis de penser que la police aurait pu prévenir ces tristes événements, en négligeant moins les avertissements qu'elle a reçus. Il est toujours pénible d'avoir à réprimer, par la force des armes, des séditions qu'on aurait pu faire avorter; un ministère de la police a dû être créé pour prévenir les délits; il est inutile qu'il existe pour les punir.

sous le bouclier de la sincérité et de la bonne foi. Fallait-il donc faire des rapports factices ou n'en pas faire du tout? Si j'avais à ce prix conservé mes fonctions, aurais-je bien rempli mes devoirs? Les ministres ont bien la faculté de changer un à un tous les préfets; ils pourront bien trouver des agents assez complaisants pour caresser leurs illusions; mais cela n'empêchera pas que les choses ne soient ce qu'elles sont, et je suis tellement convaincu que la même cause a dû produire partout les mêmes effets, qu'aucun préfet, je n'en doute point, ne s'est dispensé de manifester, avec plus ou moins d'indépendance, les inquiétudes que j'ai ressenties à diverses époques sur la direction de l'opinion publique; car il ne faut pas s'attendre à trouver dans la bouche d'un magistrat, plus jaloux de considération que de faveur, le langage d'un mercenaire et d'un espion.

Lorsque les révolutionnaires, interprétant à leur avantage tous les actes du ministère, ont pris si peu de soin de cacher leur joie et leurs projets, n'y aurait-il donc de coupable que le fonctionnaire qui a cru de son devoir de les dévoiler aux Ministres de Sa Majesté? Je leur devais la vérité; ils la doivent au Roi, à la France; et quand un d'eux a dit à la cham-

bre des députés qu'il n'avait point eu connais-
sance qu'on eût exprimé dans les colléges électoraux de 1816, ce vœu : « Nous ne voulons
» point de nobles, » avait-il donc oublié mon
rapport en date du 7 octobre ?

Mes communications n'auraient pas dû pa-
raître suspectes. J'étais préfet ; la révolution
n'a point dévoré ma fortune ; je n'appartiens
point à ces familles illustres que la calomnie,
née de l'envie, accuse de conserver des souvenirs amers ; je n'ai point eu l'honneur de
servir exclusivement Sa Majesté : sous-préfet
avant son retour, je n'avais point d'anciens
torts à faire oublier ; je n'ai point une tête ar-
dente dont il ait été besoin de régler les écarts ;
la sagesse que j'ai mise dans l'usage que j'ai
fait de la loi du 29 octobre, m'avait préservé
plus tard d'une fausse position (1) ; aucune

____

(1) Cette loi avait été provoquée par monseigneur le Ministre
de la police générale ; il m'avait écrit, quelques jours aupara-
vant, de sa main : « Le maintien de l'ordre est le premier be-
» soin de la société ; le salut de l'État, sa première loi ; un ma-
» gistrat, pénétré de ces principes, ne doit être arrêté par au-
» cune considération, lorsqu'il s'agit de réprimer ou de pré-
» venir les effets de l'audace des perturbateurs et des séditieux.
» Son devoir est de déjouer leurs trames criminelles ; rien ne
» doit l'arrêter pour y parvenir, parce qu'avant tout, il faut
» sauver l'État ; si, vous trouvant jamais placé dans une posi-

puissante protection n'a exercé sur moi l'influence de son opinion ; les personnes qui ont pu me servir sont dans les rangs du ministère ; on ne saurait donc m'attaquer avec les armes ordinaires, accuser mon ambition ou mes intérêts. J'étais en possession d'une place honorable, et tout me faisait souhaiter de la conserver sous le règne de Sa Majesté.

Mais il appartenait sans doute au Ministre, qui m'avait trouvé trop indulgent dans les mesures de rigueur prescrites par lui-même contre la famille Clausel, par exemple, de m'accuser, plus tard, d'avoir montré trop peu de sévérité envers les royalistes. Lorsque ce Ministre a

____

» tion difficile, vous pouvez craindre de compromettre votre » responsabilité personnelle, la mienne tout entière viendra à » votre appui, et vous servira de garantie, lorsque votre dé- » vouement et votre zèle vous auront forcé à prendre les me- » sures sévères que les circonstances pourront vous comman- » der, bien convaincu que je suis, que la prudence présidera » toujours à vos déterminations. »

Certes, ce n'était pas contre les royalistes qu'étaient données alors ces instructions ! Je ne sais si ma destitution est une preuve de la garantie que me promettait Son Exc. Ce qu'il y a de certain, c'est qu'à cette époque, comme depuis, je ne me suis point départi des principes de sagesse et de modération que doit avoir tout magistrat pénétré de ses devoirs, et que je n'ai point été dans le cas de réclamer la responsabilité de Son Exc. à l'appui de la mienne.

changé de marche, tout préfet qui, demeuré invariable dans sa conduite, ne l'a pas suivi d'un extrême dans un autre, a dû nécessairement lui porter ombrage ; il devenait alors le censeur obligé de sa nouvelle direction ; mais si cette direction loin d'arrêter la propagation des principes révolutionnaires, leur a été favorable ; si elle a donné naissance à la nouvelle secte des indépendants ; si elle a ranimé les partis, en a créé de nouveaux, et avec eux les haines et les divisions, devais-je, par une complaisance aveugle, applaudir à des essais dont les résultats étaient si peu conformes aux intentions du ministère, alors qu'il m'était démontré, par les effets, combien ils étaient contraires aux saines doctrines, et lorsque toutes mes observations me mettaient dans le cas de juger à quel point ils nuisaient aux intérêts de la monarchie ?

Il est donc évident que j'ai tout-à-fait sacrifié mes intérêts à ma conscience : c'était un devoir que j'ai rempli fidèlement et qui méritait un meilleur sort. Mais si beaucoup de gens sont récompensés, bien qu'ils aient agi autrement, je me consolerai d'autant plus facilement de ma disgrâce, qu'elle semblerait une conséquence de ma conduite et du *système adopté* ; je me consolerais bien mieux encore, si je croyais que Sa Majesté augmentât sa force et sa puissance, alors que chaque jour on éloigne des fonctions publiques quelques-uns de ses plus fidèles serviteurs, et si le sacrifice d'un royaliste pouvait lui gagner un révolutionnaire ; car ce serait un calcul certain pour doubler le nombre de ses sujets dévoués.

Faut-il encore me disculper du reproche de partialité en faveur des royalistes ? (Mais d'abord qu'il me soit permis de gémir de ce qu'une telle dénomination, dont tout Français devrait s'enorgueillir, soit présentée comme celle d'un parti.) Et comment ai-je montré cette partialité ? Est-ce en ne partageant point l'inquiétude des Ministres, qui s'obstinaient vainement à ne chercher et à ne voir que dans les royalistes les ennemis du gouvernement et de son chef ? Je l'avouerai, j'ai eu la bonhomie d'être parfaitement tranquille à cet égard, quand toutes mes craintes portaient sur les jacobins et les révolutionnaires. Des insurrections, je le répète, sont venues réaliser mes pressentiments, et prouver que les coupables étaient dans les rangs où je les avais signalés. Depuis, la réunion des colléges électoraux a su convaincre, dès cette année, des résultats qu'on avait lieu d'attendre des doctrines répandues dans les journaux et les pamphlets autorisés : si mes rapports avaient prévu ce danger, l'inquiétude du ministère, pour avoir été plus tardive, n'en a pas été moins vive ; car comment expliquer autrement le changement subit de langage de ses fidèles échos (les gazettes), pour prévenir des choix que depuis si long-temps il semblait avoir lui-même préparés, et qui tout-à-coup ont paru l'effrayer.

En admettant qu'on punisse le défaut de succès et les erreurs, je ne devais donc avoir rien à redouter, puisque je ne m'étais pas trompé sur les véritables, les seuls dangers qui menacent de troubler encore le repos de l'Etat ; j'avais en même temps établi la tranquillité dans mon département, et l'y avais constamment maintenue.

Si l'impartialité consiste à distribuer également la justice, à qui l'ai-je refusée ? Quels sont les intérêts que j'aie froissés ; que dis je ? que j'aie négligés ? Est-ce mon département qui s'est élevé contre moi, quand il m'a voté des éloges honorables par l'organe du Conseil-général (1), quand lui seul est l'objet de mes

____

(1) *Opinion du Conseil-général sur le premier Magistrat du Département.*

« Le Conseil-général croit devoir consigner dans son procès-
» verbal le témoignage de la satisfaction qu'il a éprouvée dans la
» coopération de M. le Préfet, aux travaux du conseil.

» Les progrès d'amélioration que ce magistrat a présentés sur
» plusieurs établissements, les lumières dont il a éclairé les dis-
» cussions, ont mis le Conseil dans le cas d'apprécier les principes

regrets, et quand je n'aspire pas à en administrer un autre ? Mon autorité n'a-t-elle pas
été la même pour tous ? et si j'avais la confiance des royalistes, quel usage en ai-je fait ?

» et la sagesse de son administration : c'est un hommage dû à son
» zèle et à son dévouement, que le conseil se plaît à lui rendre. »

Depuis ma révocation, une diatribe en vers, où sont préco-
nisés mon successeur et M. Renou de la Brune, colonel de la
9e. légion de gendarmerie, a reçu l'autorisation d'être impri-
mée et répandue contre moi. Heureusement l'auteur (le sieur
Dépierris aîné) n'a point gardé l'anonyme, et comme depuis
long-temps l'opinion publique a fait justice de sa conduite révolutionnaire, ce n'est pas moi qui puis me plaindre de la part
qu'il m'a faite dans son ouvrage, car il est des louanges qui
blessent et des injures qui honorent.

Toutefois M. le baron Poyferé-de-Cère, en sa qualité de
membre de la chambre des députés, avant de permettre que
son éloge et la critique de son prédécesseur sortissent d'une telle
bouche, aurait dû, consultant mieux ses intérêts, se rappeler
cet avis d'un de ses collègues.

« MM., faisons respecter nos devanciers, si nous voulons
» qu'on nous respecte un jour, et ne permettons pas qu'un
» homme quel qu'il soit, ose ici les juger. La postérité plus
» calme casserait son arrêt, et il suffira, peut-être, quelque
» jour à leur gloire, de nommer leurs accusateurs. »

Il aurait peut-être alors suffi à M. le baron Poyferé-de-Cère
de faire usage de l'autorisation ministérielle, d'empêcher que
mon nom fût prononcé dans des discours publics, ou rappelé dans des délibérations, comme si l'on avait pu craindre
de me voir consolé par quelques souvenirs, quelques regrets,
et peut-être quelques éloges.

Fallait-il convertir leurs craintes en rébellion, tandis que je ne montrais à leurs adversaires que tolérance et modération ? J'obtenais, il est vrai, sur ceux-ci, par le droit du pouvoir, ce que les premiers accordaient à mon influence, et cette influence, quoi qu'on en dise, ne saurait s'exercer à-la-fois sur deux partis opposés: il fallait nécessairement choisir, et le choix que j'ai fait par sentiment, par devoir, je l'eusse fait par politique.

On ne peut composer avec la justice et l'honneur : c'est l'ancre de salut à laquelle il faut uniquement s'attacher. Toutes les modifications qu'on veut apporter aux principes sont l'ouvrage des hommes, et périssent avec eux, souvent avant eux. Les principes prévaudront toujours : on est plus disposé d'ailleurs à se soumettre à ce qui émane de la sagesse éternelle, qui a compris les intérêts de tous, qu'aux transactions de la politique, qui n'embrassent que des intérêts momentanés et particuliers; c'est encore envisager ces transactions sous le jour le plus favorable; car elles ne sont, le plus souvent, que le produit de l'égoïsme et de l'intrigue. Ainsi, quand il est plus aisé de gouverner avec les règles immuables de l'honneur et de la probité; quand cette marche indiquée par la raison présente l'infaillible garantie du succès, comment peut-on perdre son temps en expériences hasardeuses, et donner la préférence à un système qui met en opposition d'opinions avec le gouvernement, ses défenseurs naturels, pour chercher un point d'appui dans des éléments opposés, sous le faux prétexte qu'ils sont en plus grande quantité?

Et quand il serait vrai que les partisans de la souveraineté du peuple formassent la majorité, s'ensuivrait-il qu'on dût tout soumettre à cette funeste doctrine, qui nous ferait parcourir de nouveau les phases de la révolution? Depuis quand un gouvernement, aliénant les attributs de la souveraineté, se croirait-il obligé de soumettre ses lois, sa justice, sa raison, son pouvoir, à l'influence des masses? Chez quel peuple et dans quel siècle trouverait-on un pareil exemple? Chercherait-on une excuse dans l'impérieuse nécessité? Il faudrait être sans expérience ou de bien mauvaise foi, pour trouver des obstacles et des dangers dans la résistance des peuples. Depuis plus de vingt-cinq ans n'avons-nous pas vu le peuple français toujours mis en jeu, toujours sacrifié, toujours soumis, porter le joug ou servir d'instrument aux divers partis qui se sont arrogés le droit de gouverner la

France ? Ne sont-ce pas les factions , et non
le peuple, qui ont successivement renversé le
comité de salut public, la commune de Paris,
Marat, Robespierre, la Convention, le Direc-
toire ? Et lorsque le vœu général repoussait le
transfuge de l'île d'Elbe, sa marche en a-t-elle
été retardée ? Quand il est si bien prouvé que
les masses, qui ne reçoivent pas l'impulsion
de l'autorité, ne peuvent produire aucun effet,
n'ayant par elles-mêmes aucune force, qu'on
cesse donc de faire valoir l'obligation de sacrifier au plus grand nombre ; car cette maxime,
aussi fausse que funeste, fournirait des prétextes à la perfidie ou à l'égoïsme ; mais au
lieu de calomnier la majorité des Français, en
la supposant attachée à la doctrine de la souveraineté du peuple , présentons-la ce qu'elle
est, attachée à son Roi et soupirant après le
repos dans la légitimité ; toutes nos alarmes
alors se tourneront, avec bien plus de raison,
vers ces partis qui pourraient se montrer encore avec de nouvelles théories, menaceraient
de tourmenter la France, voudraient la faire
servir à l'ambition de leurs chefs, et lui faire
payer, par de nouveaux sacrifices, la fortune
de quelques individus ; ce danger du moins
n'est pas chimérique, puisqu'une trop ré-
cente expérience nous a prouvé , que toute

faction qui s'empare du pouvoir, loin de trouver des obstacles dans le peuple, peut toujours le soumettre et l'entraîner, malgré lui, dans des erreurs qu'il ne partage pas, dans des malheurs qu'il souffre et des crimes qu'il déteste.

Sans étendre mes observations au-delà du cercle que je me suis fixé, si dans l'art de gouverner on ne doit pas se départir de principes immuables, je sais aussi qu'on ne peut administrer avec un niveau. Il fallait ne pas oublier que, dans un département où les extrêmes se touchent, il devait y avoir de grandes difficultés à vaincre ; que ce qui faisait la sécurité des uns, devenait nécessairement la cause des inquiétudes des autres. Peut-être me suis-je plus heureusement tiré de cette position qu'on ne devait s'y attendre ; mais on m'a jugé sans m'entendre, sur des préventions, et l'on semble avoir pris soin d'écarter tous les faits.

Si l'homme public, dans les circonstances où nous nous trouvons, doit éviter soigneusement de rappeler des époques fâcheuses et encore trop près de nous, il ne doit pas lui être interdit, cependant, d'honorer le mérite par des suffrages. Il serait ridicule qu'on exigeât de lui qu'il établît en principe qu'on a servi avec un égal droit, le Roi et l'État, à Waterloo et à Gand, dans les bocages de la Vendée et dans les plaines qui l'entourent, où l'on s'était armé pour la combattre. Avec une pareille doctrine, le courage n'a plus rien de noble, et le dévouement et la fidélité sont des puérilités. C'est ainsi que, depuis quelque temps, grâces aux maximes des gazettes, et par suite de la direction inexplicable qu'on cherche à donner à l'esprit public, on est parvenu à faire croire aux gens qui avaient eu tort et qui avaient la bonne foi d'en convenir, qu'ils ont eu raison ; s'ils ont été fort surpris d'abord de leur nouvelle position, ils s'y sont bien vite accoutumés, s'en sont bientôt prévalus, et il est permis d'en présager les conséquences.

Serait-ce là l'effet qu'on a voulu produire ? Cette idée n'est pas admissible ; mais, alors, pourquoi écarter celui qui n'a pas craint de montrer la vérité dans tout son jour ? Et si la même cause présente partout les mêmes résultats, sur qui doit retomber la responsabilité (1) ?

____

(1) M. Pasquier m'écrivait un jour, en sa qualité de garde-des-sceaux : « Que penser d'un préfet qui ne peut diriger l'o-» pinion publique de son département ? » J'aurais pu lui ré-» pondre : « Ce n'est point dans mes administrés que je trouve » des obstacles pour diriger l'opinion. D'ailleurs un préfet

Alors même que le Ministre de la police croyait voir, dans mes rapports, une opinion opposée à la marche qu'il voulait suivre, lorsque je ne rendais compte que des observations que j'étais à portée de recueillir journellement, il louait néanmoins mon zèle et m'engageait à continuer à le tenir exactement informé; d'un autre côté, le Ministre de l'Intérieur m'encourageait aussi par ses éloges.

Le 13 juillet 1816, le Ministre de la police m'écrivait :

« M. le Préfet, j'ai reçu votre lettre du 29
» juin; les explications qu'elle renferme sur
» plusieurs mesures de haute-police que vous
» avez jugé convenable de prendre ou de pro-
» poser, m'ont paru satisfaisantes.....

» Pour que la sagesse et l'impartialité de vos
» intentions me fussent parfaitement garanties,
» je n'avais besoin que de connaître votre ca-
» ractère et vos principes, et c'est cette con-
» naissance même qui m'a porté à vous de-
» mander des éclaircissements que j'étais sûr
» d'y trouver analogues......

» administre et ne gouverne pas; mais que penser d'un ministère
» qui ne peut diriger l'opinion générale du royaume, et réunir
» les partis; ou qui, sous le gouvernement royal, permet aux
» principes révolutionnaires de se répandre et de se propager? »

» Vous paraissez, M. le Préfet, jaloux de
» mon suffrage ; une semblable conduite le
» commande, et c'est avec la plus vive satis-
» faction que je m'empresserai toujours de
» vous rendre justice.

» Recevez, etc.

» *Le Ministre-secrétaire d'Etat de la Police
générale,*

» *Signé* le Comte DE CAZES. »

Le 26 août, le même :

.... « Je ne doute pas du zèle et du
» bon esprit dont vous avez donné plus d'une
» preuve, et j'espère que vous acheverez l'ou-
» vrage commencé........................
» ..... J'approuve le plan que vous vous pro-
» posez de suivre..... Ne cessez pas de me
» communiquer toutes les observations que
» vous pourrez croire utiles au service du
» Roi. »

Le 27 août 1816, le Ministre de l'intérieur :

.... « Le seul moyen de réussir dans
» votre administration, c'est d'imposer égale-
» ment à tous les citoyens, à tous les partis,
» par a justice, et par ce soin de faire exécuter
» impartialement les lois contre tout individu
» qui es méconnaîtrait. Je vois avec plaisir que

» vous vous dirigez d'après ces principes, etc.,
» etc. . . . .

» *Signé* LAINÉ. »

Le 19 septembre 1816, le même :

« M. le Préfet, votre lettre du 14 septembre
» est d'un observateur habile ; il est impossible
» de mieux faire apercevoir la situation des
» esprits de votre département, etc. . . . . »

Le Ministre de la police générale , le 19 octobre 1816 :

. . . . « Continuez à m'entretenir avec con-
» fiance, et comptez sur tout mon appui ; le
» premier besoin d'une bonne police, est d'ob-
» server avec soin. »

Le Ministre de l'intérieur, le 2 décembre 1816 :

. . . . . « Vous n'êtes pas le seul préfet non
» décoré, mais vous êtes bien de ceux dont
» j'apprécie, avec plaisir, les utiles travaux,
» et sur qui je serais heureux de pouvoir
» appeler les faveurs du Roi. »

Le Ministre de l'intérieur, le 25 février 1817 :

« J'ai lu avec attention, M. le Préfet, votre
» rapport du 10, sur la situation morale et
» politique de votre département, et je vous

» remercie des détails qu'il contient.... Vous
» parviendrez à inspirer cette confiance qu'on
» doit avoir dans le gouvernement paternel du
» Roi, en alliant la modération avec une justice
» ferme et impartiale.

» Telle est, je n'en doute pas, la règle de
» votre conduite. J'en espère de bons effets,
» et je vous prie, M. le Préfet, de me donner,
» par des rapports fréquents, l'occasion d'ap-
» plaudir à vos succès et à vos soins.

Le même, le 4 avril 1817 :

» M. le Préfet, j'ai lu avec la plus sérieuse
» attention la lettre que vous m'avez fait
» l'honneur de m'écrire en date du 27 mars ; si
» je suis par fois affligé par des détails pa-
» reils, etc. . . . .

» Quoique j'aime à me persuader, Monsieur,
» que les craintes que vous manifestez sont
» un peu exagérées, je n'en rends pas moins
» justice aux motifs qui vous les inspirent.
» Continuez à surveiller les pervers, etc...... »

Le 19 mai 1817, le même :

« J'ai reçu , M. le Préfet, avec votre lettre,
» les observations que vous avez adressées au
» Conseil-général de votre département, et
» par suite desquelles ce conseil a remis à
» votre arbitrage la décision d'une difficulté

» sur le répartement de l'impôt, qui l'avait
» divisé depuis si long-temps. Je vous félicite
» sincèrement d'un succès aussi flatteur. »

Cette lettre est du 19 mai, et le 4 juin suivant j'étais renvoyé.

J'aurais pu citer beaucoup de lettres approbatives des actes de mon administration (1); il en est même parvenu à mon successeur depuis ma révocation ; mais cela était inutile dans un procès où il s'agit peu du talent qu'on a apporté dans les affaires, mais seulement de la docilité qu'on a mise à suivre la direction ministérielle ; j'ai voulu prouver que si mes rapports, que je dois taire, témoignaient des inquiétudes, et montraient les résultats avec une grande sincérité, les Ministres n'avaient pu s'empêcher, en beaucoup d'occasions, de me rendre une entière justice.

Cependant, malgré ces éloges, comme le département des Deux-Sèvres devait concourir cette année aux nouvelles élections, on méditait mon renvoi, et l'on a saisi pour l'effectuer le plus futile prétexte ; le voici :

Le 29 avril, il y eut à Niort un déjeûner chez

---

(1) On remarquera que je n'ai cité que des lettres des Ministres maintenant en exercice ; je n'ai pas cru devoir remonter jusqu'au ministère de M. le comte de Vaublanc.

le colonel des chasseurs du Morbihan, où les principaux fonctionnaires furent réunis. Pendant le repas, le maréchal-de-camp, prévôt du département, dit qu'un de ses amis, arrivé la veille de C...., lui avait appris qu'il y avait eu à Nontron (Dordogne) une insurrection ; que trois mille hommes s'étaient rassemblés sous les signes de la révolte ; mais que les troupes et la garde nationale en avaient fait bonne justice. On ne s'appesantit pas sur cette nouvelle; mais, après le repas, le colonel de gendarmerie m'en témoigna de l'humeur, annonça qu'il tenait à la faire vérifier, et donna sur-le-champ l'ordre d'expédier une ordonnance; mais comme apparemment il ignorait dans quel département était Nontron, il envoya cette ordonnance à Angoulême. Le lendemain, il traita cette affaire officiellement par correspondance avec moi; il en informa de même la police générale, quoiqu'il m'eût assuré qu'il n'en ferait rien. Pendant ce temps là, fort étonné de l'importance qu'on voulait attacher à une nouvelle aussi simple, je fis venir chez moi la personne qui l'avait apportée; j'en reçus des détails qui me confirmèrent dans la croyance de son existence, et cette personne me donna sa parole qu'elle n'en avait fait part qu'au prévôt, son ami. Je ne pus voir dans cette déclaration rien qui annonçât de la malveillance; en même temps, j'avais pris des informations à Nontron, d'où j'appris qu'il y avait eu effectivement une insurrection.

Cependant le poison avait été préparé, il circulait sourdement, et je vais prouver combien il est facile de créer des géants et des monstres.

J'étais en tournée lorsque les Ministres de la police et de l'intérieur, informés officieusement, sans doute, par un des convives, de la nouvelle qu'ils supposaient avoir été répandue publiquement à Niort, de l'insurrection de Nontron, me témoignèrent leur surprise de n'en avoir pas été instruits par moi : le premier, par une lettre du 14 mai, qui ne sera pas transcrite ici, parce qu'il n'y a qu'un mot de relatif à cet événement, et le second, par la lettre suivante :

« M. le Préfet, une lettre du préfet de la
» Charente confirme un avis que j'avais reçu
» d'ailleurs, savoir : que des personnes connues
» avaient publiquement répandu, à Niort, la
» nouvelle qu'une colonne de 3000 hommes
» s'avançait vers votre département avec des
» bannières séditieuses. Si le fait est vrai, je
» ne doute pas que vous n'ayez pris des
» mesures pour faire punir l'auteur et le pro-
» pagateur malveillant d'une nouvelle aussi

» propre à troubler la tranquillité publique. La
» loi, sur les cris séditieux, vous fournit les
» moyens de faire réprimer une conduite aussi
» coupable. Veuillez me rendre compte du fait
» et des mesures que vous aurez prises.

» Agréez, etc.

» *Le Ministre-secrétaire d'Etat de l'intérieur*,

» *Signé* L'AINÉ. »

12 mai.

Le conseiller de préfecture qui me remplaçait, transmit à LL. EExc. les détails ci-
dessous :

Niort, le 22 mai 1817.

Au Ministre de l'intérieur.

MONSEIGNEUR ,

Dans un repas donné par M. le colonel des
chasseurs du Morbihan, où se trouvaient les
principales autorités du département des Deux-
Sèvres, M. le général Dupérat, prévôt de ce
département, raconta qu'il tenait d'un de ses
amis, arrivant de C...., qu'environ 3000
hommes étaient en insurrection à *Nontron*,
département de la Dordogne. Pour s'assurer
de la vérité de cette nouvelle, qui n'avait été
annoncée par M. le général Dupérat qu'afin
qu'on pût la vérifier, M. le colonel de gendar-

merie, qui était présent, expédia sur-le-champ une ordonnance de gendarmerie auprès du capitaine de la Charente. La réponse de cet officier, qui n'était point instruit de ce qui s'était passé à *Nontron*, détruisit entièrement cette nouvelle, qui n'avait d'ailleurs reçu aucune autre publicité, et qui ne circulait point dans la ville. J'avais pris, de mon côté, des renseignements, et je reçus, quelques jours après, une lettre de M. le sous-préfet de Nontron, dont je joins ici copie.

Il était bon, Monseigneur, de vérifier le fait, mais seulement pour en être informé, et sans lui donner d'autre importance; car il est des personnes et des lieux qui doivent être à l'abri des observations et des recherches de la police; et M. de C...., en annonçant le premier cette nouvelle à M. le maréchal-de-camp Dupérat, investi de la charge de prévôt, n'avait pas cru commettre une indiscrétion, et je ne pense pas non plus qu'on pût considérer comme telle cette nouvelle reproduite par ce général, attendu son caractère et les personnes avec lesquelles il se trouvait.

Je n'ai pas cru, Monseigneur, devoir donner suite à cette affaire, et si je n'en ai pas rendu compte à votre Exc., c'est que j'ai supposé qu'elle était instruite de ce qui s'était passé à

Nontron, par M. le Préfet de la Dordogne. Le propos tenu chez M. le colonel des chasseurs n'ayant point été répandu, et n'ayant produit aucune sensation dans la ville, je ne le croyais pas de nature à fixer l'attention de V. Exc.

Je suis, etc.

Pour le préfet en tournée,

Le conseiller de préfecture délégué,

Signé GRIMOUARD.

Niort, le 22 mai 1817.

Au Ministre de la police.

MONSEIGNEUR,

Pour mettre V. Exc. dans le cas de juger de l'importance des bruits répandus dans ce département par M. de G...., et dont elle fait mention dans sa lettre du 14 de ce mois, j'ai l'honneur de lui faire connaître que, dans un repas, etc. (le reste comme à la lettre précédente).

Je suis, etc.

Pour le préfet en tournée,

Le conseiller de préfecture délégué,

Signé GRIMOUARD.

A mon retour, je crus devoir fournir de

nouvelles explications, mais seulement à Son Exc. le Ministre de l'intérieur; voici ce que je lui mandai :

Niort, le 27 mai 1817.

Au Ministre de l'intérieur.

MONSEIGNEUR,

Pendant ma tournée, on a donné à V. Exc. tous les renseignements que j'aurais pu lui donner moi-même sur la nouvelle répandue qu'une colonne de 3000 hommes s'avançait vers mon département, puisqu'on les a puisés dans ma correspondance avec M. de la Brune, colonel de la gendarmerie.

Je dois ajouter, Monseigneur, que cette nouvelle n'a pu être communiquée à V. Exc. et au Ministre de la police que par un des convives, puisqu'elle n'a eu aucune publicité ; je ne puis donc attribuer le rapport qui vous a été fait qu'à une inimitié particulière, ou à un faux zèle qui ne s'attache jamais à la vérité.

Si l'on avait annoncé d'une manière présumable qu'une colonne de 3000 factieux se dirigeait sur mon département, j'aurais sans doute pris sur-le-champ toutes les mesures nécessaires pour arrêter leurs progrès, et je vous eusse rendu compte aussitôt; mais lorsqu'après avoir dit qu'il y avait eu à Nontron,

sur les confins des départements de la Dordogne et de la Charente, une insurrection
étouffée presque aussitôt après avoir pris naissance, et quand cette nouvelle était donnée par
un maréchal-de-camp, investi de la charge de
prévôt, je n'ai pu voir dans ce récit rien de
condamnable, mais seulement une nouvelle
preuve que toutes les tentatives de sédition,
pour quelque cause que ce fût, ne pouvaient
obtenir de succès ni rester impunies.

Cette nouvelle n'avait pas paru produire une
grande sensation, lorsqu'en sortant de table,
où l'on s'était entretenu de beaucoup d'autres
sujets, M. le colonel de la gendarmerie crut
devoir la faire revivre, et m'en entretint avec
M. le général-commandant; je demandai par-
ticulièrement au général Dupérat de qui il
tenait ces détails, et ayant appris que c'était de
M. de C...., arrivant de C...., je témoignai
à MM. de Bauduy et de la Brune, que je con-
sidérais cette nouvelle comme fort douteuse;
alors on fit éclater un grand mécontentement,
où l'on fit entrer beaucoup de choses étran-
gères au fait dont il s'agissait; on envoya aux
arrêts le capitaine de gendarmerie, et l'on
dépêcha une ordonnance à Angoulême; enfin
on m'écrivit des lettres officielles, pour prendre
acte d'une conversation sur laquelle j'avais

fourni les détails qui devaient me faire supposer qu'elle serait oubliée. De mon côté, je
fis venir M. de C.... pour lui reprocher son
indiscrétion ; il s'en disculpa, en m'assurant
qu'il n'avait parlé de cette affaire qu'à M. le
général Dupérat, et je bornai mes recherches
à m'instruire de cet événement sur les lieux-
mêmes.

Si je n'ai pas entretenu V. Exc. de ces détails
lorsqu'ils eurent lieu, c'est que je considérai
qu'il était inutile de l'instruire d'un fait tout-
à-fait ignoré, et qui, par conséquent, n'avait
pu servir de pâture au public et à la malveillance.

J'étais bien loin de penser, Monseigneur,
qu'on pût, dans une chose aussi simple, trouver matière à entretenir trois Ministres de
S. M. ; car j'ai lieu de croire qu'on en aura
également occupé S. Exc. le Ministre de la
guerre. Ainsi que les passions, un faux zèle
peut égarer, et cela m'est prouvé jusqu'à l'évidence dans cette circonstance ; quant à moi,
je me ferais un reproche d'avoir dénaturé des
faits et des intentions, pour trouver un motif
de rapport. Une conversation ne peut donner
lieu à l'application de là loi du 9 novembre sur
les cris sé litieux, et V. Exc. reconnaîtra que
lorsqu'elle m'a rappelé cette loi dans le cas

dont il est question, il fallait nécessairement qu'on eût trompé sa religion.

. Je suis, etc.

Les détails, aussi simples que véridiques, qui avaient été adressés au Ministre de la police, par le conseiller de préfecture qui me remplaçait, devaient-ils mériter, de la part de Son Exc., cette réponse :

Paris, le 28 mai 1817.

« Monsieur, puisque la nouvelle, annoncée
» d'une manière si positive par M....., avait
» paru d'une nature assez sérieuse pour qu'un
» exprès fût expédié sur les lieux-mêmes, il
» était nécessaire que je fusse informé par
» vous de cette double circonstance. Le rap-
» port de M. le Sous-préfet de Nontron ne
» saurait m'être d'aucune utilité, et peut-être
» ces communications, où chaque fonction-
» naire juge les événements à son gré et d'après
» la situation où il croit devoir se placer, ont-
» elles plus d'inconvénients que d'avantages,
» en donnant dans les départements voisins des
» idées erronées sur l'ensemble des choses.
» Tout ce que vous aviez à faire était d'empê-
» cher l'alarme de se répandre ; de blâmer
» ceux qui se permettent des récits qui, fus-

» sent-ils vrais, n'en sont pas moins de l'effet
» le plus dangereux , et qui, dénués de fonde-
» ment, prouvent au moins une étrange légè-
» reté. Comment pouvez-vous croire, Monsieur,
» que ce que vous feriez poursuivre et punir
» dans toute autre occasion, devienne respec-
» table pour vous de la part de telle ou telle
» personne ? Ce langage n'est pas celui du
» premier magistrat d'un département, dont la
» tranquillité repose sous la double garantie de
» sa vigilance et de son impartiale fermeté. Il
» ne s'agit nullement de convenance ici, et si
» le résultat n'a pas été tel qu'il pouvait être, il
» ne faut pas en savoir gré à ceux qui ont, de la
» sorte, annoncé que tout était en feu dans un
» département voisin. Le mal qu'ils pouvaient
» produire était en raison même de leur qualité
» et de l'importance qu'on devait attacher à
» leurs paroles. Croyez bien, Monsieur, qu'au-
» cune personne n'est au-dessus des lois, qu'au-
» cun lieu n'est à l'abri de leurs atteintes. Si
» vous en jugez autrement, que pouvez-vous, à
» votre tour, attendre de l'opinion de vos admi-
» nistrés ? Si votre action est soumise aux
» considérations de fonctions, de rangs et
» d'influence, quel rôle vous reste-t-il à rem-
» plir, surtout dans les circonstances graves
» et difficiles ? Si vous ne m'informez pas de

» semblables incidents, que puis-je opposer
» aux renseignements, plus ou moins exagérés,
» qui me sont communiqués par d'autres mi-
» nistères ? Que dois-je croire ? Quelle direc-
» tion puis-je donner ? Vous attachez une
» importance majeure aux propos d'une femme
» que j'ai prescrit de conduire de brigade en
» brigade jusqu'à la frontière (1), et les rela-
» tions véritablement alarmantes d'un per-
» sonnage qui est connu pour s'occuper beau-
» coup de haute politique dans votre départe-
» ment, vous semblent indignes d'attention ou
» ne réclamer que votre silence.

» Si j'insiste sur ces considérations, Monsieur,
» c'est pour vous remettre à votre place, pour
» obtenir de vous, en pareille occasion, et la
» conduite et les informations que me pro-
» mettent et votre zèle éclairé et le dévouement
» dont vous faites profession. S'il y a des affaires
» auxquelles il ne faille donner aucune suite,

---

(1) La femme dont il s'agit ici était une étrangère qui, en
parcourant la France, répandait çà et là les bruits les plus si-
nistres, et, sous différents noms, se mettait en relation avec
tout ce qu'il y avait de fédérés, dont elle ranimait les espé-
rances par les insinuations les plus incendiaires. Quoique son
itinéraire fût déterminé, et qu'elle voyageât avec l'autorisation
de la police, elle ne suivait pas toujours la route indiquée, et
n'était pas toujours escortée par la gendarmerie.

» en matière de sûreté publique, c'est à moi du
» moins à en juger, et je ne le peux que d'après
» des explications adressées en temps et en
» détail par MM. les Préfets.

» Je desire que ces instructions vous dirigent
» et servent à assurer votre marche à l'avenir.

» Agréez, etc.

» *Le Ministre-Secrétaire-d'Etat de la police
générale,*

» *Signé* le Comte DE CAZES. »

Sans doute on n'aurait pas traité plus sé-
rieusement la plus vaste conspiration. Je
n'étais plus préfet, lorsque je reçus cette lettre;
elle était en réponse à la lettre de M. le conseiller de préfecture délégué; il n'était pas
trop juste de m'en faire supporter la responsabilité; mais je ne fis pas valoir ce moyen, et
je me crus suffisamment autorisé à faire cette
réponse :

Paris, 10 juin 1817, hôtel de Boston, rue Vivienne.

*L'ancien préfet des Deux-Sèvres, à S. Exc.
le Ministre-secrétaire-d'état de la police.*

MONSEIGNEUR,

Quoique je sois destitué à votre requête,

alors que j'avais obtenu un congé pour venir à Paris, où il m'eût été si facile de donner à V. Exc. toutes les explications qu'elle aurait pu desirer sur la direction de mon administration dans le département des Deux-Sèvres, je lui dois encore quelques renseignements sur le fait qui a servi de base à ma révocation.

Comment un grain de sable à Niort s'est-il tout-à coup transformé en montagne à Paris? La nouvelle de M. de C.... n'a fait de bruit et d'effet que dans le cabinet de V. Exc.; à Niort, on l'ignore encore ; aucun rapport de police ou de gendarmerie n'en a fait mention. Tout ne s'est trouvé en feu que dans la tête de celui qui en a fait part à V. Exc., et qui s'est permis d'envoyer une ordonnance, de son chef, comme il a l'habitude de le faire pour le moindre sujet.

. . . .

. . . . : M. de C..... n'a pu s'occuper de haute politique dans le département des Deux-Sèvres, puisque depuis plus d'un an il ne l'habite plus. Je ne sais à quel titre je pouvais entretenir V. Exc. d'une conversation de table, quand la présence de deux lieutenants-généraux, de trois maréchaux-de-camp, d'un préfet et de tout l'état-major d'un corps qui fait honneur à la France, ne peut pas laisser planer un instant le soupçon qu'on ait pu rien dire d'inconvenant. J'ignore comment cet entretien m'aurait donné le droit de traduire le prévôt du département devant les tribunaux, et pourquoi tout Paris ne se trouve pas alors en jugement pour s'être entretenu de l'insurrection de Sens? Je n'eusse jamais songé à vérifier celle de Nontron, sans l'importance ridicule donnée à cette nouvelle, dite sans intention, mais relevée je ne sais dans quel dessein. Je ne puis voir de conformité entre les propos d'une femme qui voyage sous la surveillance de la police, et qui néanmoins s'entoure des fédérés dans toutes les villes où elle passe, renouvelle leur espoir, et parle ouvertement du rétablissement de l'usurpateur ou de son fils, comme d'une chose prochaine, et le simple récit d'une insurrection qui a existé dans une petite ville, à plus de cinquante lieues de Niort.

Je ne prétends point, Monseigneur, que mon zèle soit éclairé, mais du moins il a toujours été vrai, et jamais inutilement officieux; je ne fais d'autre profession de dévouement que de le prouver à l'occasion, et si, pour me remettre à ma place, V. Exc. a jugé nécessaire de m'enlever à ma carrière, sans qu'il me reste la moindre récompense de mes services passés (1), il était assez inutile qu'elle m'engageât à suivre à l'avenir ses instructions.

Je ne puis véritablement que gémir de l'importance qu'on donne aux petites choses; le fait dont il s'agit le prouve jusqu'à l'évidence; l'intérêt qu'on a mis à l'établir, m'a obligé d'en apporter à le présenter tel qu'il était, ce qui a donné lieu à une correspondance bien oiseuse. J'affirme toujours qu'on a trompé la religion de V. Exc. dans cette occasion, pour faire preuve d'un zèle inutile et servir une ambition trop prouvée : la mienne était satisfaite, et je n'avais à lui sacrifier ni département ni individus.

Je suis, etc.

De Curzay.

Voilà le prétexte de ma destitution, voilà ce qui m'a valu du Ministre de la police des lettres dont je n'ai produit que des échantillons, pour donner à juger si l'on doit plaindre ou féliciter un préfet qui est délivré de semblables relations (2).

Mais je n'ai cité de ma correspondance mi-

---

(1) J'ai dix ans de service dans l'administration, comme Maire, Auditeur, Sous-Préfet et Préfet, et je n'ai ni la décoration de la Légion-d'honneur, ni rang, ni aucun titre quelconque.

(2) En arrivant si jeune au ministère et n'ayant pas eu l'hon-

nistérielle que ce qui m'était absolument indispensable, préférant sacrifier à la discrétion la plus grande partie des armes que j'aurais à y puiser.

A quoi servirait, au surplus, de chercher dans cette correspondance, quand elle pourrait les fournir, des preuves nombreuses et authentiques, de l'irrésolution du Ministère, de son imprévoyance dans les objets de la plus haute importance, de la contradiction des Ministres entre eux dans la manière d'envisager les mêmes faits? On ne demande compte en général que des résultats, et partout ils ne présentent que plaintes, inquiétudes, défaut de confiance, découragement, division ; ce qui prouve évidemment que le Ministère n'a pas la force et le crédit qui lui seraient nécessaires, et qu'il ne peut revendiquer sans avoir à justifier alors des moyens honteux et inutiles qu'il aurait employés pour acquérir une influence qu'il n'est que trop prouvé qui lui manque.

Que sont allés faire aux élections de 1816

---

neur d'administrer un département, M. Decazes n'a point envisagé cette charge honorable sous son véritable jour , autrement il n'aurait pas traité un préfet comme un agent de police exclusivement sous ses ordres , et il aurait adopté envers de tels magistrats, les formes d'égards et de politesse dont il aurait trouvé l'exemple dans tous les autres ministères.

et de 1817, ces légions d'émissaires de la police, s'il n'en était besoin? Pourquoi ces articles de gazette qui indiquent les défenseurs les plus dévoués de la monarchie, comme les ennemis de la France? Pourquoi autoriser exclusivement ces pamphlets où l'on professe les doctrines de la souveraineté du peuple? Seraient-ce là les moyens de *fusion* et de *rapprochement* inventés par le ministère, et qu'il appellerait son *système*? Que pouvait-on en attendre, et que tout honnête homme prononce sur les moyens et sur ses effets, en comparant l'esprit qui animait les colléges électoraux de 1815, et celui qu'on a soufflé à ceux de 1816 et de 1817? Ce n'est pas en excitant les passions qu'on peut espérer le calme et l'unité d'intentions qu'il importe tant de trouver dans ces assemblées ; lorsque nos destinées futures en dépendent, doit-on les sacrifier aux intérêts du moment?

En ne déclarant pas franchement son but, en faisant mettre dans les journaux des doctrines successivement contradictoires, en essayant l'appui de tous les partis, en couvrant la France d'espions pour influencer les élections, en prescrivant aux électeurs l'exclusion des plus sincères défenseurs de la monarchie, en rendant les préfets responsables des résultats des assemblées électorales, ou bien en les révoquant à l'avance, un ministère ne pourrait obtenir ni crédit ni confiance ; isolé au milieu des partis qu'il aurait formés, il ne serait même pas étonnant alors que chacun d'eux l'accusât à l'envi d'incapacité, de faiblesse et peut-être même de trahison (1).

Serait-ce par suite d'un tel système, qu'alors qu'on éloigne des emplois tant de fidèles serviteurs du Roi, on y rappelle des membres des comités révolutionnaires, des fonctionnaires qui ont trahi leurs serments et signé la proscription des Bourbons, des gens qui ont pris le parti de l'usurpateur au 20 mars avec une fureur frénétique ?

Ici qu'on ne suppose pas que ce soit des faits hasardés, car, en même temps que je suis destitué quoique j'aie produit, en faveur de la sagesse de mon administration, le témoignage écrit de S. Exc. le Ministre de l'intérieur et celui du conseil-général du département des Deux-Sèvres, je pourrais fournir également des preuves de ces réintégrations inexplicables dans divers départements, sans que les Ministres puissent opposer qu'ils n'ont pas été suffisamment éclairés sur le compte de ces individus.

____

(1) Cette dernière supposition ne m'appartient pas ; elle est tirée d'une lettre ministérielle.

Un tel rapprochement ne donne-t-il pas le droit de se demander avec inquiétude, si là trahison ou la faiblesse sont devenues des conditions nécessaires pour exercer des fonctions publiques ?

Sans doute la révocation d'un préfet serait une chose peu importante par elle-même, si elle était un fait isolé ; mais quand elle semble résulter d'un plan formé, d'écarter des emplois tous les gens dévoués au Roi, on jugera peut-être que lorsque j'élève la voix, c'est moins pour fixer l'attention publique sur ce qui me regarde personnellement, que pour dévoiler un véritable danger, dont l'expérience du 20 mars aurait dû nous préserver, et que j'ai acquis le privilége de signaler, puisque je puis me donner pour exemple.

Les préfets sont sans doute des délégués révocables, personne ne tenterait de le contester, et moi-même, dans ma lettre d'adieux aux fonctionnaires publics des Deux - Sèvres, j'ai rendu hommage à ce principe (1) ; néanmoins,

---

(1) En quittant l'administration du département des Deux-Sèvres , M. de Curzay a adressé à MM. les Sous-préfets et Maires de ce département, la circulaire suivante :

Niort, le 25 juin.

« Sa Majesté m'avait confié l'administration du département

si l'on veut honorer cette magistrature supé-
rieure, qui n'a pas de points intermédiaires
avec les Ministres, si on veut l'entourer de
considération et la faire respecter aux administrés, il faut nécessairement qu'elle soit plus
stable et convenablement indépendante; car
l'idée d'une position précaire et incertaine nuit
à l'autorité, et l'on ne saurait envisager sans
mépris l'obéissance purement passive. Il est

» des Deux-Sèvres ; il lui a plû de me l'ôter : je n'en respecte
» pas moins sa décision, quoique je n'en connaisse pas les motifs;
» car les fonctionnaires publics ne sont que des délégués révo-
» cables. Il me restait, Messieurs, à vous donner un dernier
» exemple, celui d'une résignation respectueuse aux volontés
» royales ; cependant si j'éprouve vivement tout ce qu'il y a de
» pénible à se séparer de collaborateurs tels que vous, c'est à
» la source même de ma sensibilité que je puise aussi mes con-
» solations; car si je puis compter sur quelque estime de la part
» des témoins irrécusables de mon administration, croyez,
» Messieurs, que je saurai toujours m'en rendre digne, et
» qu'il n'est point d'événement qui puisse altérer en moi les
» sentiments d'amour et de dévouement dont j'ai fait profession
» au milieu de vous, pour le Roi et sa famille. Veuillez, Mes-
» sieurs, avec mes regrets de cesser mes relations avec vous,
» recevoir l'assurance des sentiments distingués avec lesquels
» j'ai l'honneur d'être

» Votre très humble et très obéissant serviteur,

» DE CURZAY. »

donc vrai de dire que si les préfets sont aujour-
d'hui dans la situation où il importe de les
desirer, leur révocation, faite à bon droit sur
les plus amples informations, et d'après des
motifs graves et connus, doit emporter contre
eux une défaveur utile dans l'opinion publique.
Dans le cas contraire, il ne serait pas étonnant qu'un préfet se fît honneur d'une destitution provoquée légèrement et arbitraire-
ment; et comme un acte du ministère ne peut
pas demeurer sans effet, il en résulte que,
toutes les fois que cette révocation est injuste
et non motivée, la défaveur rejaillit nécessairement sur ce ministère.

De l'Imprim. de L. G. MICHAUD, rue des Bons-Enfants, n°. 34.

www.ingramcontent.com/pod-product-compliance
Lightning Source LLC
Chambersburg PA
CBHW061318060726
47596CB00003B/951